中国饭店行业突发事件应急规范
（试行）

中国旅游饭店业协会

旅游教育出版社

责任编辑:景晓莉

图书在版编目(CIP)数据

中国饭店行业突发事件应急规范:试行/中国旅游饭店业协会组织编写.—北京:旅游教育出版社,2008.6
ISBN 978-7-5637-1752-1

Ⅰ.中… Ⅱ.中… Ⅲ.饭店—紧急事件—处理—规范—中国　Ⅳ.F719.2-62

中国版本图书馆CIP数据核字(2008)第097081号

中国饭店行业突发事件应急规范(试行)
中国旅游饭店业协会

出版单位	旅游教育出版社
地　　址	北京市朝阳区定福庄南里1号
邮　　编	100024
发行电话	(010)65778403　65728372　65767462(传真)
本社网址	www.tepcb.com
E-mail	tepfx@163.com
印刷单位	河北省三河市灵山红旗印刷厂
经销单位	新华书店
开　　本	850×1168　1/32
印　　张	1.5
字　　数	17千字
版　　次	2008年7月第1版
印　　次	2008年7月第1次印刷
印　　数	1-10000册
定　　价	9.00元

(图书如有装订差错请与发行部联系)

前 言

为预防和减少中国饭店行业突发事件的发生,控制、减轻和尽量消除突发事件导致的严重危害,规范突发事件应对活动,全面促进饭店行业健全突发事件应急管理体制,提高应急处置能力,中国旅游饭店业协会依据《中华人民共和国突发事件应对法》、《旅游突发公共事件应急预案》和《中国旅游饭店行业规范》及有关法律、法规,结合饭店行业的特点,特制定《中国饭店行业突发事件应急规范》。

本规范由中国旅游饭店业协会发布并负责解释。

本规范主要起草人:蒋齐康、许京生、谷慧敏、付钢业、刘卫、徐锦祉、杨小鹏、张润钢、王济明、张志军、甘圣宏、马伟萍。

本规范于2008年6月11日发布,自发布之日起试行。

目 录

总则 ·· (1)
第一篇　预防准备 ································ (3)
　第一章　预案建立 ······························ (3)
　第二章　管理机构 ······························ (3)
　第三章　制度体系 ······························ (4)
　第四章　物资准备 ······························ (7)
第二篇　应急反应 ································ (9)
　第五章　应急程序 ······························ (9)
　第六章　应急处置 ······························ (10)
第三篇　常用预案要点 ·························· (13)
　第七章　火灾 ···································· (13)
　第八章　自然灾害 ······························ (16)
　　第一节　汛情及极端气候灾害的处置 ··· (17)
　　第二节　地震的处置 ························ (18)

第九章 饭店建筑物和设备设施事故 …… (19)
- 第三节 停水、停电及停气的处置 …… (20)
- 第四节 电梯运行故障的处置 ………… (23)
- 第五节 监控中心 ……………………… (24)

第十章 公共卫生和伤亡事件 …………… (25)
- 第六节 公共卫生事件的处置 ………… (25)
- 第七节 食物中毒的处置 ……………… (28)
- 第八节 意外伤亡事件的处置 ………… (29)

第十一章 社会治安事件 ………………… (31)
- 第九节 恐吓电话及可疑爆炸物的处置 … (32)
- 第十节 抢劫、凶杀、枪击、绑架等暴力事件的处置 …………… (33)
- 第十一节 非法展览或非法集会的处置 ……………………………… (35)
- 第十二节 诈骗事件的处置 …………… (36)
- 第十三节 散发非法宣传品事件的处置 ……………………………… (37)
- 第十四节 大型活动或会议突发事件的处置 ………………………… (39)

第十二章 公关危机事件 ………………… (41)

总　则

第一条　本规范适用于在中国境内开办的各种类型的饭店，含宾馆、饭店、度假村等。

第二条　本规范所称饭店行业突发事件，是指在饭店所负责区域内，突然发生的对客人、员工和其他相关人员的人身和财产安全，造成或者可能造成严重危害，需要饭店采取应急处置措施予以应对的火灾、自然灾害、饭店建筑物和设备设施事故、公共卫生和伤亡事件、社会治安事件，以及公关危机事件等。

第三条　饭店行业突发事件应急管理应贯彻预防为主、预防与应急处置相结合的原则，把应急管理贯穿于饭店管理的全过程，创造安全和谐的饭店环境。

第四条　饭店应成立突发事件应急指挥机构，

在突发事件发生时起到协调、统一领导以及快速决策等作用。

第五条 饭店应从实际出发，根据自身的特点，结合本规范制订具体的、符合自身情况的应对危机预案。

第六条 饭店出现超出本规范所列出的类似事件，应依据本规范中的各项原则进行处理。

第一篇 预防准备

第一章 预案建立

第七条 饭店应建立健全突发事件应急预案体系。饭店应遵循法律、法规及相关规定的要求，结合饭店的实际情况，制订相应的突发事件应急预案，并根据实际需要和形势变化，及时修订应急预案。

第八条 饭店应针对突发事件的性质、特点和可能造成的危害程度，对突发事件具体细分等级，制定相应的应急管理程序与制度。

第二章 管理机构

第九条 无论是来自业主方任命还是管理公司

派遣，饭店总经理都应是饭店突发事件应急管理第一责任人。总经理和相关管理人员需熟悉本饭店应急管理预案的全部内容，具备应急指挥能力。总经理可授权相关管理人员或机构处置应急事件，但需对处置结果承担责任。

第十条 饭店应安排总经理等高级行政管理人员及各主要部门的负责人，组成危机领导小组或类似的组织作为突发事件应急管理指挥机构，并有效规定所有成员的职责。应急管理指挥机构可视情况需要，在必要时组建现场控制中心及媒体信息中心，并安排相应的执行人员负责推进和落实各项应急处置工作。

第三章 制度体系

第十一条 饭店总经理应切实贯彻国家和上级有关突发事件应急管理的各项法律、法规，保障饭店的营运安全和客人、员工的人身、财产安全；保证饭店应急预案体系健全，操作顺畅有效；落实并有效监督应急管理责任制；妥善处理内部矛盾，对各种安全隐患及时提出整改意见；提高各项技术防范措施的科技含量；为各项预防准备工作争取必要的资金投入。

第十二条　饭店员工应熟悉本岗位的突发事件预防与应急救援职责，掌握相关的应急处置与救援知识，按规定采取预防措施，进行各项操作，服从饭店对突发事件应急处置工作的统一领导、指挥和协调。由本店员工组成的专职或兼职应急救援队伍在现场执行任务时，应佩戴相应的识别标志，听从现场指挥人员的指挥。

第十三条　饭店应定期对所辖区域内容易引发各类突发事件的危险源、危险区域和工作环节进行调查、登记、风险评估，定期检查本店各项安全防范措施的落实情况，掌握并及时处理本店存在的可能引发突发事件的问题，明确提示和要求有关部门、员工及客人采取相应的安全防范措施。

第十四条　饭店应建立健全突发事件应急处置培训制度，对店内负有处置突发事件职责的员工定期进行培训，对本店员工和客人开展应急知识的宣传普及活动和必要的应急演练。

第十五条 危机发生时,各部门和各岗位可视情况需要,立即组织开展力所能及的应急救援和采取紧急控制措施,并立即向饭店突发事件应急管理指挥机构汇报,由其统一领导应急处置工作。各部门负责人应坚决执行各项指令,并及时提供相关的专业建议。事件发生现场的部门负责人应保证与应急管理指挥机构的有效联络,根据指令在现场带领员工实施各项处置工作,并及时通报现场情况。

第十六条 饭店应明确应急处置工作的组织指挥体系,制定和强化各部门及各岗位应对突发事件的责任制度,确保本店突发事件应急处置的各项规定能得到切实实行。

第十七条 饭店应通过制订相应的应急沟通计划和公共关系处理流程,指定相应的部门与人员,负责在应急管理期间,与员工、客人、上级主管单位、相关政府部门及机构、新闻媒体等的信息沟通事宜。

第四章 物资准备

第十八条 饭店在筹建、重建或装修改造时，应在功能规划上充分考虑预防、处置突发事件的需要，统筹安排应对突发事件所必需的设备和基础设施建设，合理确定应急避难场所。有条件的饭店可以在消防控制中心建立突发事件控制中心，便于所有信息和指令的传递。

第十九条 饭店应为本店的各种交通工具和相关场所配备报警装置和必要的应急救援设备、设施，注明其使用方法，并显著标明安全撤离的通道、路线，保证安全通道、出口畅通。应以自检和配合上级主管单位与相关政府部门及机构检查相结合的方式，定期检测、维护其报警装置和应急救援设备、设施，使其处于良好状态，确保正常使用。

第二十条 饭店应在消防、电源线路设置、电器设备使用、特种设备使用、危险物品管理、建筑施工等方面严格执行有关安全生产的法律、法规，加强日常维护、保养，保证安全运行。

第二十一条　饭店应在重点要害部位、设施和设备上，设置便于识别的安全警示标志。尤其注意要在客房内的显著位置张贴或放置应急疏散图、客人安全须知等安全提示；在落地式玻璃门、玻璃窗、玻璃墙等设施的显著位置设立警示标志；在店内设置能覆盖饭店所有区域的应急广播系统、特殊区域的应急对话设备等。

第二十二条　饭店应建立健全应急物资储备保障制度，完善重要应急物资的监管、储备、调拨和紧急配送体系。明确应急检查清单的内容、应急联系的相关部门与机构和相关人员的联系方式，以及需要配备的各种应急物资等。

第二篇 应急反应

第五章 应急程序

第二十三条 饭店应建立突发事件信息收集系统,通过相关制度的制定和程序的实施,要求各部门和所有人员及时、客观、真实地报告突发事件信息,严防迟报、谎报、瞒报、漏报和传播虚假信息等现象的发生。

第二十四条 先遇到或发现突发事件的员工应及时向饭店相关部门及上级领导汇报。汇报内容应基于当时的实际情况,尽可能多地提供各种相关信息,尤其是事件发生的时间、地点、涉及人员、简要经过和可能的原因,对人身、财产、饭店、周边社区可能造成的影响,需采取的行动和已采取的行动等。部门负责人或值班人员在接到突发事件报告后，如获悉有人员死亡、伤员需救治、设备设施严重受损、明显存在安全威胁等情形，应立即向总经理或其授权代表汇报。

第二十五条　总经理或其授权代表在接到突发事件报告后，应尽快赶赴现场进行实地调查，并视情况安排总机或采用其他方式通知饭店应急处置指挥机构的相关人员共同调查并参与商讨，及时汇总分析各种信息，对可能造成的影响进行评估，决定是否上报上级突发事件应急机构、公安机关或消防机关、管理公司及业主公司和对媒体进行披露等。

第二十六条　如饭店发生造成或可能造成严重社会危害的突发事件，则应按规定立即向上级主管单位和相关政府部门及机构报告。

第六章　应急处置

第二十七条　饭店所采取的突发事件应急处置措施，应与突发事件可能造成危害的性质、程度和范围相适应。在突发事件发生时，应坚持客人和员工安全至上的原则,首先应最大限度地保护客人和员工及其他相关人员的生命安全,其次应最大限度地保护财产安全,尽量避免或减少损失。

第二十八条 饭店应根据突发事件的性质和可能造成的危害,及时启动应急预案。

第二十九条 饭店应及时向客人和员工发布有关采取特定措施避免或者减轻危害的建议、劝告;组织营救和救治受伤人员,转移死亡人员;视情况需要,转移、疏散并撤离易受突发事件危害的客人、员工并妥善安置和采取其他救助措施。

第三十条 饭店应及时转移客人和饭店的重要财产及客人、员工及饭店的重要资料。

第三十一条 饭店应迅速控制危险源,标明危险区域,封锁危险场所,划定警戒区,控制或者限制容易导致危害扩大的生产经营活动并采取其他保护措施,确保物品和饭店财产的安全。

第三十二条 饭店应实施应急沟通计划和公共关系处理流程,有效处理与客人、员工、上级主管单位、相关政府部门及机构、新闻媒体和社区公众等的信息沟通工作。

第三十三条 如相关政府部门及机构已开始介入突发事件的应急处置与救援工作，饭店应听从统一指挥，积极主动参加和配合应急救援工作，协助维持正常秩序。

第三十四条 突发事件的威胁和危害得到控制或者消除后，饭店应采取或者继续实施必要措施，防止发生突发事件的次生、衍生事件或者重新引发社会安全事件。

第三十五条 突发事件应急处置工作结束后，饭店应有效实施各种救助、补偿、抚慰、安置等善后工作，妥善解决因处置突发事件引发的矛盾和纠纷，尽快恢复正常经营管理秩序。

第三十六条 饭店应对突发事件造成的损失进行评估，对经验教训进行总结，及时查明突发事件的发生经过和原因，总结突发事件应急处置工作的经验教训，制订改进措施。

第三篇 常用预案要点

第七章 火灾

第三十七条 火灾,指凡在时间上或空间上失去控制的并对财物和人身造成损害的燃烧现象。在各种灾害中,火灾是最经常、最普遍的威胁人身安全、财产安全的主要灾害之一。

第三十八条 饭店应成立突发事件应急处置中心以及消防控制中心,便于发生火灾时,统一处理各种突发事件和协调安排各个部门。任何员工若发现有异常的燃烧味、烟雾或火焰等迹象,应先观察火情,并在第一时间报告饭店消防控制中心。

第三十九条 饭店突发事件应急处置指挥机构应及时全面了解具体情况,决定是否下达向消防机关报警、疏散人员、转移财物等指令。及时组织店内应急救援队到指定地点集结，合理分配人力，安排灭火组控制、扑救火情；安排抢救组抢救重要物资、危险品；安排疏散组疏散现场人员；安排救护组负责对现场伤员、残疾客人和行动不便的客人进行救护、转移。

第四十条　饭店消防控制中心在获知报警信息或发现烟感、温感等报警设施启动时，应立即安排人员赶往现场，甄别火情，组织现场人员扑救初起火灾，并视情况决定是否按火情级别通知电话总机启动相应的紧急联络程序；同时，还应视情况及时启动灭火设施、应急广播系统、疏散照明系统、防火卷帘系统、防火门系统以及排烟、送风系统，监控报警系统其他报警点。

第四十一条　在火灾发生时，各部门应按照上级命令统一行动，各司其职。在负责紧急处理的人员到达之前，各部门员工应尽可能留在现场，并与消防控制中心随时保持联系，以便及时提供具体的火情信息。同时，应尽可能使用安全、快捷的方法通知火情周边处于危险区域的不知情者，并视情况使用离现场最近的消防器材控制火情。当饭店下达紧急疏散指令后，要保持各通道畅通，疏散客人及员工到建筑物外指定的安全区域，并及时反馈执行情况。

第四十二条　保安部负责人应迅速到临时指挥部协助指挥，并安排人员组织现场扑救和人员疏散工作，报告火势情况，监视火势发展，判断火势蔓延情况，维持店外秩序，保障消防通道畅通，加强对饭店所有出入口的监控，阻止无关人员进入饭店。工程部应安排负责人视火情关闭空调、停气、断电、启动应急发电机等，确保消防电梯正常使用，解救电梯内被困乘客，保证喷淋泵和消火栓泵供水等，确保应急发电机正常运行，消防水源正常供应和排烟、送风等设备正常运行。前厅部应通知电话总机确保店内通信畅通，打印住店客人名单，维持饭店大堂秩序，清除门前障碍。客房部应安排人员迅速清理楼层内障碍物，统计各个楼层的客人人数，对来电询问的客人做好安抚、记录工作。餐饮部应安排人员立即关闭所有厨房明火，安抚就餐客人。人事部应及时通知医务室做好救护伤员的各项准备，迅速统计在店员工人数，安排宿舍管理员组织在宿舍的员工随时待命。财务部应组织外币兑换处及各收银点和各下属办公室的员工收集和保管好现金、账目、重要单据票证等，通知电脑机房做好重要资料的备份、保管工作，做好随时根据指令进行转移的准备。饭店总经理办公室应及时向饭店所有承租店家通报情况，集结饭店所有车辆，随时按要求运送伤员，做好饭店重要档案的整理及转移准备。

第四十三条　火灾后，饭店应安排人员拍摄受影响区域，协助前台部门及财务部门整理损失清单并上交饭店，以便送至保险公司。在必要检查之后，经总经理同意采取补救措施，将受影响营业区域恢复成正常状态。按顺序在记录本上记录所有细节，准备好募集证人和相关人员名单，协助在调查中需要援助的人员。

第八章　自然灾害

第四十四条　自然灾害，指以自然变异为主因的危害动植物及人类的事件，包括风暴、海啸、台风、龙卷风、水灾、旱灾、冰雪灾害等气候灾害以及地震、山体滑坡和泥石流等地质灾害。

第一节 汛情及极端气候灾害的处置

第四十五条 在汛情或极端气候到来前，饭店应组织人员对防汛器材、防汛设施、避雷装置、污水泵、机房等重点要害部位等进行检查和维护，确保各项设备运转正常；在地下车道口、地势较低的出入口及其他重点要害部位门口准备沙袋；对建筑物顶部、门窗、外围悬挂设施等部位进行检查和维护，并做加固或清理处理。

第四十六条 若获知汛情或极端气候现象出现，饭店应安排人员赶赴现场核查情况，并视情况决定是否通知总机及时启动应急联络程序，调集人员进行堵漏、排水工作。在重点要害岗位、库房等区域增加人力及防汛器材和工具，防止次生灾害发生，下达转移物资指令，启动应急救援预案。

第四十七条 在应急处置过程中，工程部应视情况决定是否切断受灾区域的电源，及时组织人员携带工具到达现场抢险,对严重积水的部位,抽调排水设备进行排水。保安部应根据指令在发生汛情的岗位增派人员执勤,劝阻无关人员进入受影响区域,安排人员在楼层巡逻,防止不法人员进行破坏,防止盗窃及恐慌骚乱,维持公共区域的秩序。在室外值班的安全员,应检查饭店外墙的玻璃窗是否关闭,将外围用电和电源关闭,以免因短路引起火灾。其他受事故影响的部门应组织人员做好对客人的安抚解释工作,根据指令疏导客人离开受影响区域。其他人员随时准备协助医务人员抢救伤者,及时与保险公司进行联络。

第二节 地震的处置

第四十八条 饭店处置地震的应急原则为:长期准备,立足突然;统一指挥,分工负责;快速反应,自救互救。

第四十九条 饭店应根据应急情况,制订疏散方案,确定疏散路线和场地,有组织地对客人及工作人员进行避震疏散。当饭店所在区域人民政府发布临震警报(包括有感地震和破坏性地震)后,即进入临震应急期，饭店应及时组织开展临震应急工作。

第五十条 当饭店所在区域及其邻近地区发生地震，并有明显震感时，饭店应及时组织开展有感地震应急处置工作，并根据当地政府和上级部门传达的信息和指令，安排人员做好地震信息的传递和宣传疏导工作，防止地震谣传，稳定客人及工作人员情绪。

第五十一条 当饭店所在区域发生破坏性地震时，饭店应立即组织抗震指挥部。抗震指挥部应即刻进入指挥一线，启动抗震救灾指挥系统，并成立抢险救灾组、医疗救护组、治安保卫组、疏散组、宣传组等工作小组。工作侧重点为组织客人及员工疏散、开展自救互救、预防和消除地震次生灾害。

第九章 饭店建筑物和设备设施事故

第五十二条 饭店建筑物和设备设施，指饭店主要的固定资产，其中，饭店建筑物指饭店进行生产经营活动的人造地面固定场所，设备设施指饭店通过购买或拥有等方式为进行经营管理等活动所使用的工具。饭店建筑物和设备设施事故，指饭店的建筑物和设备设施在特殊情况下出现异常从而给饭店经营管理活动造成不利影响的各种事件，主要包括停水、停电、停气、电梯运行故障及监控中心无法运转等。

第三节 停水、停电及停气的处置

第五十三条 若根据各种信息反馈，店内停水、停电、停气是店外原因引发，饭店应安排人员联系设备及水、电、气的供应方，说明饭店目前出现的具体情况，详细询问事故的破坏程度和修复时间，并立即向饭店突发事件应急处置指挥机构报告。在故障排除后，应组织人员到相关区域巡查，恢复设备运行，维修受损设备，落实改进措施。

第五十四条 若发现或获知在没有事先通知的情况下，店内发生停水、停电、停气等现象，饭店工程部应立即向相关机房通报情况，安排专业人员携带专用工具到现场查看，检查店内是否存在其他停水、停电、停气现象。若发现机房设备出现了严重故障，工程部应立即向饭店总经理等高层领导报告，指示相关机房启动应急方案，赶往相关机房现场指挥，要求总机启动应急联络程序。各部门负责人接到报警后，应立即返回岗位，随时准备接受相关命令。

第五十五条 经确认，停水、停电、停气问题在短时间内无法解决时，饭店应安排专人向相关部门求援，并立即启用临时发电机、临时供水车等救援设备。

第五十六条 在应急处置过程中，饭店工程部应视需要，安排专业维修人员分别前往解救电梯内被困乘客；前往配电室启动应急发电机以保障事故照明、消防设施设备用电；前往事故现场进一步查明原因，留守观察，及时反馈。保安部应重点关注监控系统、消防系统等运转情况，依照指令，在饭店各出入口及相关区域增加人手，加大巡视密度，做好事故现场的警戒工作，控制现场，防止发生混乱。前厅部应及时向饭店突发事件应急处置指挥机构提供住店客人资料，并安排人员做好对客人的解释、安抚及客人要求和意见的反馈工作，看管好客人的行李，确保店内指挥通信畅通。餐饮部应要求所有当班服务员及厨师保持冷静，并采取相应措施稳定就餐客人情绪，向客人说明情况争取得到客人谅解。若客人要求离开，应安排服务员给客人照明、指引道路，防止造成混乱。餐饮部负责人及厨师长还应根据指令，及时制定对策，调整菜单，提供易于制作的食品。停电时，客房部应组织人员携带手电筒等应急照明装置赶往楼层巡视，为客人进入房间和离店提供照明。停水时，客房部应从库房或其他场所调集矿泉水，当应急送水车到饭店后，及时给客人提供必备的生活用水。采购部应购买柴油等物品以保证应急发电机正常运行，并联系购买饮用水及食品等，为应急处置提供保障。财务部应组织外币兑换处及各收银点和各下属办公室的员工收集和保管好现金、账目、重要单据票证等，通知电脑机房做好重要资料的备份、保管工作，做好人工处理相关服务的准备。其他各部门应坚守岗位，管理人员应在现场进行督导，及时向饭店突发事件应急处置指挥机构反馈情况，服从统一指挥。

第四节 电梯运行故障的处置

第五十七条 若发现或获知电梯因发生运行故障而停机，饭店监控部门应立即确认是否有人受困，并尝试用呼叫电话与轿厢内乘客联系；劝告乘客不要惊慌，静候解救；建议乘客不要采取强行离开轿厢等不安全措施。

第五十八条 通知工程部维修人员按相关操作规程到现场开展解救工作，安排大堂经理等相关人员到事故地点与被困乘客进行有效的不间断沟通，请客人安心等候，协助配合解救。

第五十九条 协助乘客安全离开轿厢后，饭店应及时安排人员安抚乘客，并询问其身体有无不适。对受伤或受惊吓者，应按相关规定及时安排医务人员实施救治。

第六十条 饭店应及时安排工程部电梯维修人员联系厂家对故障电梯进行全面检修，确保电梯运行安全。

第五节　监控中心

第六十一条　监控中心不仅是饭店实施日常安全保卫工作的信息、图像控制中心,而且还是饭店在处置突发事件时期的重要指挥中心。监控中心员工必须有高度的责任心,保证所负责的烟感报警系统、消防喷淋系统、消防水喉配备系统、灭火器材布点系统、监视器设置系统以及广播系统的设备和监控中心机房的设备运营良好。

第六十二条　若在一个点上或多个点上发生突发事件,必要时,保安部经理甚至饭店总经理必须到达现场或到达监控中心指挥。在特定条件下,监控中心可进一步监视现场场景,比如对电梯内的流程接点进行时间控制、录制现场实况,为事后数据分析和破案提供依据。监控中心应与保安各岗位的交互系统同步工作,以便做到一呼百应,提高制度实施的效率。

第十章　公共卫生和伤亡事件

第六十三条　突发公共卫生事件，指突发性重大传染性疾病疫情、群体性不明原因疾病、重大食物中毒以及其他严重影响公众健康的事件。伤亡事件，指除凶杀外的所有意外伤亡事件，包括因自杀、工伤、疾病、意外事故等造成员工或客人伤亡的事件。

第六节　公共卫生事件的处置

第六十四条　公共卫生事件的预防必须以各部门以及每位员工的积极预防为主。饭店应教育全体员工养成良好的个人卫生习惯，加强卫生知识学习，提高自我保护意识和自救能力，不食用不洁食品和可能带有传染病源的动物。饭店应定期对员工进行身体检查，做到"早发现、早报告、早隔离、早医治"。若员工在店外被发现患有传染病或疑似传染病，员工本人应及时根据状况严重程度及医生建议向饭店汇报；若员工在店内得知自己或被发现患有传染病或疑似传染病，员工本人或发现其症状的员工应立即向饭店汇报。若员工被确诊已患传染病，饭店应视情况及医生建议，决定是否对与之接触过的员工或客人设法进行相关检查。相关人员应做好保密工作。患有传染病或疑似传染病的饭店员工应待医院及饭店医务室确认无恙后方可上岗。

饭店各部门应定期开展卫生清扫，积极消除鼠害，消灭蚊、蝇、蟑螂等病媒昆虫。采购部应把好食品采购关，不购买未经检疫的动物、肉食及制品，对购进的禽畜类生物及制品，应严格验收登记，一旦发现问题，应立即停止食用；应把好生产、加工、运输、储存关，做到食品加工"当日生产、当日销售、当日食用"，运输工具天天消毒，食品储存、加工生熟分开。工程部应加强对饭店空调系统的管理，保持良好的通风换气，定期对电梯、公用电话等公共设施和用具进行消毒。

第六十五条 当发生突发公共卫生事件时，饭店突发事件应急处置指挥机构应立即召集相关人员听取情况汇报，视情况决定是否向相关疾控中心、公安机关及上级部门报告。饭店医务室在接到报告后，应立即了解相关人员病情，如经总经理授权，应立即报告疾控中心，配合防疫部门及时做好消毒、监测、隔离工作，将疫情控制在最小范围内。

第六十六条 如果突发公共卫生事件发生在饭店公共区域、餐厅或客房等店内区域，最先发现情况的员工应立即报告饭店，并由饭店派人与客人联系。负责与发病客人交涉的人员应做好自我保护工作。

第六十七条 饭店应及时安排相关人员陪同医务室医生前往询问客人相关信息，采取必要救治措施，同时等待疾控中心专业人员到达并配合行动。如传染病客人不配合工作，可通知保安部协助或由保安部上报有关部门。

第六十八条 客人被送往医院后，饭店应视情况决定是否采取保护或消毒措施。如客人被确诊患有传染病，饭店应及时对其使用过的器皿、客房等进行严格消毒，清查与之接触过的员工群体，确认易感人员名单，按要求进行隔离观察，确保其他员工和客人的安全。如客人被确诊为重大传染病病例，饭店应根据传染病传播程度或防疫部门的要求,采取部分或全部封闭措施,并根据封闭范围和在岗人员情况,成立由总经理领导的指挥部,组成对客服务组、生活保障组、后勤供应组、安全警卫组、义务救护组负责饭店部分封闭期间的正常运转。

第七节 食物中毒的处置

第六十九条 若发现或获知有客人或员工出现食物中毒症状,发现人应首先了解中毒者国籍、人数、症状程度等基本情况,然后向饭店总机或其危机应急中心报警。总机或其危机应急中心应立即向饭店总经理等高层领导报告,按指示启动应急联络程序,同时向急救中心求援。在现场的饭店工作人员应妥善安置中毒者,保护好现场。

第七十条 饭店突发事件应急处置指挥机构应立即了解情况,并视情况决定是否向相关的疾控中心、公安机关及上级部门报告。

第七十一条 饭店应及时安排医务室医生携带急救药品和器材赶往现场,实施必要的紧急抢救,并根据具体情况决定是否将中毒者送往医院抢救,或等待急救中心专业人员处理。饭店应安排食品化验员了解详细情况，找出可疑食品及食品盛放工具，对病人呕吐物等加以封存，对食物取样化验。如涉及外籍人员，应视需要向外事主管部门报告。

第七十二条　饭店保安部应派人做好现场保护工作，协助医务人员抢救中毒者，验明中毒者身份，做好询问记录。如有投毒怀疑，保安部负责人需请示饭店总经理决定是否向公安机关报告，并视情况决定是否划定警戒区，及对相关厨房的餐具、食品等进行封存。

第八节　意外伤亡事件的处置

第七十三条　饭店员工发现饭店区域内有人身意外伤亡事件发生，必须立即报告保安部，同时注意保护现场。保安部接到报告后，应记录时间、地点、报告人身份及大概伤亡性质，如工伤、疾病、意外事故等。接到报告后，保安部经理应立即到现场，同时通知值班经理（大堂）和医务室，如涉及设备导致的工伤，应通知工程部。饭店总经理由保安部负责人通知。如遇死亡事件，饭店应向公安机关报告。

第七十四条 保安部到现场后，应立即设立警戒线封锁现场，疏散围观人员。如是设备导致的工伤，由工程部关掉有关设备，由保安部和医务室人员确定伤亡结果。如人员未死亡，应立即组织抢救，保安部酌情向伤员了解情况，大堂经理和医务室人员联系就近医院和急救中心；如确定人员死亡，应立即将现场与外界隔离，遮挡尸体并注意观察和记录现场情况。如明显属于凶杀或死亡原因不明，应按凶杀案程序处理。如确定是意外死亡，应进行拍照，访问目击者和知情人，隔绝围观，遮挡尸体并保护现场。保安部负责报告公安机关并配合勘验，勘验完毕应立即将尸体转移至相关太平间存放。

第七十五条 如事件涉及员工，由保安部和人事部共同负责处理善后工作；如事件涉及客人，由保安部和值班经理共同负责处理善后工作，如清点客人财物等。保安部负责调查或协助公安部门调查、记录事件发生经过及处理情况。工程部负责恢复有关设备。行政部负责提供药品、车辆。客房部负责清理现场。

第十一章　社会治安事件

第七十六条　社会治安事件，是指现实社会中在一定法律、法规和制度的约束下而出现的影响社会安定和秩序的事件，具体包括拨打恐吓电话及放置可疑爆炸物事件，抢劫、暗杀、凶杀、枪击、绑架等暴力事件，非法展览或非法集会事件，诈骗犯罪事件，散发非法宣传品事件，大型活动或会议突发事件等。

第七十七条　饭店应通过有效培训，使员工在各种社会治安事件面前，基本做到沉着冷静。现场第一发现人能记清犯罪嫌疑人的体貌特征、凶器及踪迹，并及时向饭店报告，同时按照饭店应急处置指挥机构的指示与命令做好各项工作。

第七十八条　在应急处置过程中，饭店突发事件应急处置指挥机构应及时全面了解具体情况，决定是否下达排查隐患、向公安机关报警、疏散人员等指令。各部门接到相关指令后，应立即对本部门各辖区开展排查工作。若接到疏散指令,应及时通知和引导所辖区域的客人疏散到安全区域,客房部、餐饮部、前厅部等应做好对来电咨询的客人或本饭店客人的安抚工作。若社会治安事件已在店内造成人员伤亡,各部门应及时组织伤员抢救工作,并启动其他相关处置预案。

第九节 恐吓电话及可疑爆炸物的处置

第七十九条 饭店应制作恐吓电话填写单。接听恐吓电话时,应冷静、礼貌倾听,不打断来电者。当来电者还在线时,接听人应当用事先规定的暗号通知其他人员。

第八十条 饭店保安部在获知店内发现有客人遗留的包、纸箱及其他可疑物品后,应立即安排人员携带防爆毯等工具赶赴现场识别检查,设置警戒,并严禁触摸、移动可疑爆炸物。如怀疑为爆炸物,应马上向饭店报告,并要求总机启动应急联络程序,安排人员封闭现场,疏散现场周边人员,控制相关出入口,对可疑人员进行询问、监视。对第一发现人及时进行问讯记录,做好前期的证据保留工作。工程部应立即关闭现场附近可能引发恶性事故的设备设施，撤走周围的易燃、易爆物品，及时准备饭店平面图及必备的设施，做好停水、断电、关闭天然气及抢修的准备工作，并对店内重点要害部位进行认真细致的排查。前厅部应及时准备在店客人名单，有效维持饭店大堂和公共区域秩序，及时清除门前所有障碍物，确保店内通信系统畅通。其他相关部门应采取的行动参考第四十二条的相关内容。

第八十一条　事件发生后，如被要求新闻发布，须经总经理批准。新闻发布须根据饭店应急处置指挥机构的统一口径进行。新闻发布由饭店公关部或总经理办公室负责，但仅限以下内容：对事件的一般描述，报告事件、地点、受伤或死亡人数（注意，不提人员姓名），更多详情需等调查结果出来后再发布。

第十节　抢劫、凶杀、枪击、绑架等暴力事件的处置

第八十二条　处置抢劫、凶杀、枪击、绑架等

暴力事件时，饭店应根据违法犯罪行为的具体情况，采取有效措施及时处置。在处置过程中，应采取有利于控制事态、有利于取证、有利于缩小影响、力求最小限度受损的处置原则。处置要及时，应尽可能把违法犯罪活动制止在萌芽状态。若发现人员有犯罪倾向，应及时采取控制或教育的措施，并视情况向主管安全部门反映，尽量减少暴力事件的发生。

第八十三条　如发生暴力事件，饭店突发事件应急处置指挥机构应及时全面了解具体情况，通知电话总机启动应急联络程序，下达指令封闭区域，保护现场，向公安机关报告，疏散现场周边人员等。

第八十四条　在应急处置过程中，保安部应及时安排人员设置警戒线，控制相关出入口，协助公安部门对第一发现人及时进行问讯记录，做好证据保留工作，调取监视系统中相关的影像资料。若犯罪嫌疑人正在威胁他人生命，现场的最高管理者要设法稳定其情绪，控制事态发展，等待公安人员前来处置。如有伤者，应向急救中心求援。在急救中心专业人员未到达前，医务室人员应携带必备急救药品到指定地点对伤者进行紧急救治。如有伤亡人员需送往医院时，应安排人员随同前往，并做好医院就诊的各项记录。前厅部等相关部门应及时调取受伤害客人的资料，上交饭店突发事件应急处置指挥机构。总机要确保通信联络畅通。保安部人员参与转运死伤人员，并对客人遗留在公共区域的财物进行统计和保管。

第十一节　非法展览或非法集会的处置

第八十五条　饭店员工若发现有人在店内正在举行或即将举行非法展览或非法集会，应立即向保安部报告；饭店销售人员若发现举办方的活动与原定活动内容不符或活动性质改变，应及时报告保安部，并与举办方交涉，要求其暂时停止相关活动。

第八十六条　保安部接到相关报告，应立即安排人员赶赴现场查明情况。在请示饭店总经理后，视情况决定是否按相关规定及时报告公安机关。

第八十七条　对存在严重威胁国家安全、攻击国家政府行为的非法展览或非法集会，饭店应采取果断措施，及时报告公安机关，防止事态扩大。在处理过程中，应协助公安机关重点关注首要人员和极端人员，注意发现别有用心人员，尽量避免发生不必要的冲突。对已经扩大的复杂事态，应慎重处理，要及时劝阻、疏散围观人员，尽量保护好现场。协助控制、看管违法人员，防止其逃跑、自残、自杀或伤害他人。应有效控制在场的当事人和见证人，积极配合公安机关展开调查。

第十二节　诈骗事件的处置

第八十八条　宾客入店时，必须填写临时住宿登记单，预交住房押金。前台服务员应严格执行公安机关关于住宿客人必须持有效证件（护照、身份证）办理住房登记手续的规定，对不符合入住要求的不予登记，并及时报告保安部和前厅部经理。对使用支票付账的国内宾客，应与支票发出单位核实，发现情况不实时，应设法将支票持有人稳住，速报保安部，待保安部人员赶到后一起进行处理。

第八十九条　住店宾客在饭店的消费金额超过

预付押金金额时，饭店可根据情况要求其追加押金或直接结算。饭店各岗位收银员应熟悉银行支付款的"黑名单"，严格执行检查复核制度。收取现金时，应注意检查货币特别是大面值货币的真伪，发现假钞时，应及时报告保安部，由保安部和财务部出面处理。

第九十条 发现持有假信用卡、假币者，应采取以下措施：

同发卡银行联系，确定信用卡真伪，一经确认是假信用卡或假币，立即将其假信用卡、假币、护照或其他证件扣留；及时通知保安人员到场控制持假信用卡币者，防止其逃离或做出危害员工安全的行为；打电话报告值班经理、财务部和保安部。经保安部初步审理，视情况报告公安机关。

第十三节 散发非法宣传品事件的处置

第九十一条 非法宣传品，指有危害国家安全、利益，攻击我国社会制度和领导人，危害政治安定和社会稳定或未经国家有关部门批准而发放的有虚假内容的书、报、刊物、资料、音像制品、招贴画和广告等。

第九十二条 保安部应加强对公共区域的巡视，如发现有散发非法宣传品迹象的可疑人员，应立即进行监控、制止和盘查。各岗位服务员在服务时，发现形迹可疑或正在散发非法宣传品、物品的情况时，一要立即制止，二要立即报告，三要控制住可疑人员和物品。大堂服务员及行李员应留意来往客人是否携带有非法宣传品和有随意丢弃物品的可疑迹象。客房服务员应注意发现在客房区域无目的徘徊的可疑人员，在清扫房间时，应留意是否有非法宣传品。饭店各平台和制高点的出入口，应有专人负责管理，未经批准者不得进入，并做到随时关锁。

第九十三条 事件发现人应迅速向保安部和电话总机报告，并讲清事发地点，宣传品内容、性质，有无可疑人员及报警人姓名和所在部门等。

第九十四条 接到报警后，保安部应立即派人赶到现场处理，扣留嫌疑人并收缴其随身携带的宣传品，检查其身上是否有其他宣传品，并迅速将其带离现场进行进一步审查。如此种行为发生在大厅或其他公共区域，服务员和保安人员应立即上前制止，并将其迅速带离现场，同时收缴全部非法宣传品。发现或接报有人从建筑物上向下散发宣传品时，应对现场进行拍照取证，调查了解事情的经过和造成的后果，收集必要的证据（人证、物证）；控制现场，疏散围观群众，防止事态进一步扩大；经审查和核实，请示饭店领导速报公安机关和有关部门。前厅部、大堂经理应做好围观客人的解释工作，并收回客人手中的非法宣传品交保安部。其他岗位的服务员在岗时，如发现有人散发非法宣传品，应立即制止，并视情况扣留相关人员和非法宣传品，送交保安部处置。如非法宣传品已经散落在地，应立即行动，全力收缴，并上交保安部。经审查，嫌疑人确系散发非法宣传品时，应将其及非法宣传品送交公安机关处理。将可疑人员带离现场或饭店时，保安部应设计好路线，将事件影响降低到最低程度。

第十四节 大型活动或会议突发事件的处置

第九十五条 在举行各类大型活动或会议前，

饭店保安部应对会场进行安全检查,确保疏散通道畅通,疏散门能够全部开启,并准备好手持扬声器和其他通信设施、手电等协助疏散用品,确保其能有效使用。

第九十六条 在活动或会议正式开始前,饭店保安部应再次向举办方了解参加人数,并在各疏散出口等重要位置安排适当数量的保安人员。在参加活动人员陆续抵达饭店期间,应安排专人注意观察是否有作案嫌疑人或不法活动苗头。

第九十七条 若在活动或会议进行过程中发生突发事件,在现场服务的饭店相关管理人员应立即向保安部报告,并要求在场人员保持冷静、不要惊慌,服从饭店保安人员指挥,或向公安机关请求支援。如发生停电等事故,还应通知工程部启动停电处置预案。

第九十八条 在开始播放疏散广播后,各出入口的保安或服务人员应用手持扬声器等设备提示客人携带好贵重物品,防止发生拥挤、推搡、跌倒以及踩踏事故,引导客人疏散到安全区域,并安排人员安抚客人。等现场人员全部疏散完毕后,保安部应安排人员对各出入口做好警戒，防止发生趁机哄抢和冒领现场遗留物品的事情，并对现场遗留物品进行逐一登记，及时做好发还工作。

第十二章　公关危机事件

第九十九条　公关危机事件，指各种突发性的危害饭店声誉的事件。

第一百条　饭店应建立公关危机事件处置小组，全面负责突发事件的预防、处理、跟踪和媒体监控活动。建立快速反应检查系统，建立针对内部信息系统和与媒体联系的意外事件处置方案，收集事件证据，填写危机事件表，及时回应媒体的咨询或现场采访的要求。帮助减少伤害和控制负面传播，及时引导媒体，维护饭店声誉。

第一百零一条　饭店应建立对外信息发布制度。饭店员工如接到媒体的电话问讯或要求采访、到现场拍摄等请求时，应礼貌热情，协助将电话转至公共关系部或总经理办公室。公共关系部或总经理办公室将安排饭店总经理或集团（公司）授权的发言人就媒体的要求进行回复。对来访的记者，员工应表示自己无权解答，礼貌地帮助记者找到公共关系部或总经理办公室。在饭店，只有总经理或总经理授权的人有权解答记者的问题，经总经理或总经理授权的人确认后的文字资料才能对外发布。在发生突发性事件后，饭店应立即通知更高级别的管理者，避免发布不一致的信息。

第一百零二条　对外发布信息应在公关危机事件处置小组或饭店指定的执行机构审定后进行。公关危机事件处置小组领导应起草新闻陈述初稿并提交饭店总经理批准。饭店公关危机事件处置小组的成员应该接受公关危机培训。

第一百零三条　若新闻媒体报道了有关饭店的不确切的消息或不切题的引述，饭店应立即通知公共关系部或总经理办公室。公共关系部或总经理办公室应致电相关新闻媒体，请其核实并及时更正。